AF279082

LES
ÉLECTIONS
COMMUNALES

PAR

D. LEPRINCE.

Bon sens — bonne foi.

Prix : 10 cent.

CETTE

PATRAS, LIBRAIRE,

GRANDE RUE,

et dans les Départements,

Chez les Dépositaires de Journaux.

Avril, 1871.

LES
ÉLECTIONS
COMMUNALES.

Bon sens ; — bonne foi.

L'État, agrégation de communes, ne doit avoir que l'administration des affaires générales de la nation ; par suite, la Commune, agrégation d'individus, mais partie de l'État, doit avoir la gestion absolue de ses intérêts, en se soumettant nécessairement à la loi générale, en tant que cette loi représente la volonté nationale et qu'elle maintient l'intégrité et l'indivisibilité de la République.

D'un autre côté, la Commune, être collectif, ne saurait être bien administrée que si, — respectant cette loi, — elle assure, à chacun des membres qui la composent, les droits inhérents à l'individu ; c'est-à-dire l'instruction, la liberté, l'égalité, et la sûreté.

L'harmonie et la conservation du corps social dépendent donc d'une organisation qui, laissant seulement, à l'État, le soin de sauvegarder l'intégrité de l'association générale, permette à la Commune de vivre, autonome, de sa vie propre, son existence restant, d'ailleurs, subordonnée à celle de l'État.

Entre la Commune et l'État doivent se placer, sans doute, le Canton et le Département, — le canton agrégation de communes ; le département agrégation de cantons ; — mais, si le Canton, ensemble d'intérêts communaux demandant à être solidarisés pour recevoir une satisfaction légitime, a sa raison d'être ; et si le Département ne saurait cesser d'être, puisqu'il n'est, en résumé, qu'une agglomération de communes, agglomération rendant plus faciles les relations de celles-ci avec l'État, la Commune reste, on ne saurait le nier, la base la plus rationnelle et, par conséquent, la meilleure de l'association générale.

La Commune donc étant tout dans l'État, on comprend combien il importe que ses intérêts soient sauvegardés et que les droits inviolables de chacun de ses membres soient maintenus.

En France, les révolutions sont, pour ainsi dire, endémiques. Elles se produisent, même alors que personne n'en prévoit la possibilité. D'où viennent-elles ? On s'étonne qu'elles éclatent ; on s'irrite qu'elles troublent l'état de choses existant, et on en conclut que nous sommes décidément un peuple ingouvernable.

Le grand flandrin de vicômte crachant gravement dans l'eau peut ne pas se rendre compte de la cause qui la fait s'ébranler en ronds ; mais, dans une société comme la nôtre, où l'intelligence domine, on devrait, ce nous semble, lorsqu'une révolution se produit, on devrait savoir à quelles causes elle est due, en définitive.

Certes, notre état social étant donné, une révolution peut y avoir lieu pour une cause en apparence futile ; toutefois, lorsqu'une révolution s'y fait, il suffit de remonter les années qui l'ont précédée pour rester convaincu que le motif qui l'a déterminée — goutte d'eau, en réalité — n'a servi qu'à la légitimer.

La capitulation de Sédan a pu amener la révolution du 4 septembre ; mais qui oserait affirmer que cette révolution est dûe uniquement à cette capitulation, la plus honteuse cependant qu'un peuple ait eu jamais à subir ?

Ne nous faisons pas d'illusions ! Les révolutions n'éclatent que parce que nous les voulons, — que parce que nous ne faisons rien pour les éviter ! Que chacun de nous, au lieu de se replier sur lui-même, se dise que la société à laquelle il doit le bien-être, — et par bien-être nous entendons les instruments de travail, — que la société ne finit pas sur le seuil de sa maison ; qu'il est, au dehors, des injustices qui demandent à être réparées, et, nous l'affirmons, les révolutions seront finies, le cycle révolutionnaire sera fermé !

On a pu dire avec raison, en parlant de l'homme, que son organisme tout entier souffrait de la lésion de l'un de ses membres ; eh bien ! on peut dire, avec non moins de raison, que lorsque, dans la société, un seul intérêt est atteint — intérêt collectif ou individuel, peu importe ! — l'État en ressent le contre-coup.

Or, donnons à tous les intérêts leurs légitimes satisfactions, et les révolutions, qui n'ont pour cause que des revendications, n'ayant plus leur raison d'être, l'harmonie se fera.

Mais, par cela même que l'État commence à la Commune, l'harmonie dans l'État ne saurait exister qu'à la condition que, dans la Commune, l'harmonie soit complète, qu'il ne s'y trouve, par conséquent, aucun intérêt en souffrance.

La Commune, réunion d'individus habitant une même loca‐
lité, doit servir de base à l'État ou, plutôt, au corps social.

On peut affirmer rigoureusement, d'un autre côté, que de la
bonne ou de la mauvaise administration de la Commune, dé‐
pend le bien public, — le développement moral et matériel de
l'association générale.

Or, les lois qui la régissent, — loi du 21 mars 1831, loi du 18
juillet 1837, loi du 7 juillet 1852 ou loi du 5 mai 1855, — ces
lois lui permettent-elles de vivre en progressant, de telle sorte
que, tous les intérets qu'elle concentre y trouvant leur satisfac‐
tion, le développement de l'association générale soit assuré dans
le présent et dans l'avenir ?

Non ; car toutes, restrictives de sa liberté, la subordonnent au
pouvoir central, quel qu'il soit.

Ces lois, dont l'esprit diffère, du reste, selon les dates qu'elles
portent, lui donnent bien, les unes et les autres, un conseil
communal élu ; mais elles ont le soin de définir à ce point les
attributions de ce conseil que, par exemple, pour la plupart des
dépenses qu'il a à voter, il est tenu de se conformer à une règle
fixe qui les rend obligatoires.

Il y a mieux! D'après ces lois, ce conseil — élu cependant, —
ne peut se réunir qu'à des époques déterminées ou qu'avec une
autorisation spéciale du préfet, — du représentant direct du
gouvernement.

Enfin, et comme si la subordination de la Commune au pou‐
voir central n'était pas ainsi assez complète, ces mêmes lois don‐
nent au chef du pouvoir ou à son représentant dans le départe‐
ment la nomination du maire et des adjoints au maire, c'est-à-
dire des hommes qui l'administrent le plus directement, en leur
permettant même de les prendre en dehors du conseil commu‐
nal élu.

Ainsi, tenue en tutelle, ne pouvant se mouvoir que sous une

main dominatrice, elle vit de la vie que cette main veut bien lui laisser, n'ayant, en réalité, ni autorité, ni initiative.

L'État est tenu, sans doute, de sauvegarder et de maintenir l'harmonie dans la nation ; mais, la loi qui sauvegardera et maintiendra cette harmonie faite, son rôle ne doit-il pas se borner à percevoir et à répartir l'impôt librement consenti, — à administrer nos affaires générales, en un mot ?

Qu'il y ait dans chaque Commune ou, plutôt, dans chaque Canton un délégué de l'État ayant la mission de veiller à ce que la loi n'y soit pas violée, oh ! cela se conçoit : il faut absolument que l'intégrité et l'indivisibilité de la République soient respectées de tous ! Seulement, ne laisser à la Commune aucune indépendance, s'immiscer dans chacune des manifestations de son initiative, c'est vouloir tuer, en germe, la vie qui est en elle ; c'est faire plus : c'est attenter aux droits qu'a chaque citoyen à la libre satisfaction de ses besoins et au libre développement de ses facultés.

Un roi ou un empereur ont pu, sous le prétexte de conserver l'unité nationale, priver la Commune de sa liberté : il fallait à l'empereur ou au roi que tout, en France, obéit à sa volonté ! Mais, sous la République, — sous le gouvernement de tous par tous et pour tous — la Commune doit exister par elle et pour elle, à la seule condition que, dans aucun de ses actes, elle ne porte atteinte à la volonté générale, — à la loi.

La Commune ayant une existence propre, quelle sera son organisation la meilleure, celle qui, en lui assurant le mieux son autonomie, lui permettra le mieux son développement ?

La Commune doit nommer par l'élection de tous ses habitants un Conseil communal.

Ce Conseil, élu, doit y avoir toute l'autorité ; c'est-à-di

qu'il doit pouvoir y prendre toutes les mesures d'intérêt communal.

Son autorité, ce Conseil l'exercerait directement et indirectement, — directement, en se réunissant toutes les fois qu'il le jugerait utile ; indirectement, en la déléguant à un maire et à des adjoints au maire pris dans son sein et toujours révocables par lui.

En d'autres termes, ce serait lui, Conseil communal, qui prendrait les décisions sauvegardant le mieux, à son point de vue, les intérêts de la Commune, et ce serait le maire et ses adjoints, nommés par lui, qui auraient à les faire exécuter.

Quant à ses prérogatives, elles n'auraient d'autres limites que celles que lui imposerait l'intérêt général.

Il aurait, tout au moins, le devoir de donner l'instruction primaire, sinon secondaire ; d'assurer la libre circulation, d'établir l'assistance et de prendre toutes les mesures de salubrité ; c'est-à-dire d'assurer à chaque membre de la commune, pris individuellement, l'intégrité de ses droits.

On comprend qu'ayant ainsi la plénitude de l'autorité, le Conseil communal devrait pouvoir voter en toute liberté le budget des recettes et des dépenses de la Commune ; — qu'ayant des dépenses à faire, il devrait avoir le droit d'y faire face par des recettes qu'il déterminerait.

La Commune, ainsi administrée, aurait-elle tous ses intérêts défendus, protégés ? Nous n'oserions l'affirmer absolument pour le présent, l'éducation politique de chacun de nous, après ces vingt années d'empire, hélas ! restant à faire, en partie du moins. Mais, dans le temps, lorsque, tous, nous aurons appris que l'intérêt public n'est que la résultante des intérêts privés et que, servir cet intérêt, c'est servir ces derniers, les administrateurs capables qui, actuellement, peuvent faire défaut à la Commune, ces administrateurs se trouveront en grand nombre, chacun tenant à s'occuper de la chose publique, d'une chose qui est sienne, en définitive.

Dira-t-on que, pour que la commune s'administre elle-même, il faut que la loi, plus libérale qu'elle ne l'a été jusqu'ici, prononce son émancipation et la rende à elle-même?

Avec la République, les lois qui régissent la Commune ne sauraient exister longtemps encore : la prochaine constituante, nous en sommes convaincu, reconnaissant tout ce qu'a d'excessif la centralisation constituée par le premier empire et par les divers gouvernements qui lui ont succédé, voudra donner au Département une vie propre, tout en conservant l'unité nationale, et la Commune, par suite, aura la faculté de s'administrer en toute liberté.

Mais, en attendant, ce serait une grave erreur de croire que, tout en respectant les lois existantes, quelque restrictives du droit communal qu'elles soient, la Commune ne puisse arriver à s'administrer par elle-même, et en dehors de l'ingérance du pouvoir central.

Les électeurs sont libres, d'après ces lois, de faire porter leurs suffrages pour l'élection au Conseil communal sur n'importe lesquels de leurs concitoyens ; de leur côté, ceux de leurs concitoyens qu'ils éliront pour composer ce Conseil peuvent prendre, rien ne saurait les en empêcher, l'engagement de n'accepter du pouvoir central les fonctions de maire et d'adjoint au maire que si le choix de leurs collègues les porte à ces fonctions, et de résigner ces fonctions si, pour un motif ou pour un autre, ils cessaient d'être en communauté d'idées avec eux ; or, quelle est la loi sur l'organisation de la Commune qui peut empêcher les électeurs de ne choisir, comme conseillers communaux, que des citoyens s'engageant à n'accepter les fonctions de maire et d'adjoint au maire qu'à ces conditions : désignation par la majorité des conseillers élus; démission dans le cas où cette majorité cesserait de leur être acquise? Sans doute, d'après la loi du 5 mai 1855 encore existante, le pouvoir central aurait toujours la faculté de prendre le maire et les adjoints au maire en dehors du Conseil communal ; mais, s'il usait de cette faculté, ne resterait-il pas à ce conseil le droit de donner, en masse, sa démission? En pareil cas même, il ne ferait que remplir un devoir en donnant sa démission, et en en appelant ainsi à ses électeurs!

Nous devons dire que la Commune, même avec un maire et des adjoints au maire nommés ainsi, indirectement, par le Conseil communal n'aurait pas encore toutes ses franchises; qu'elle n'aurait pas, surtout, le vote absolu de son budget; mais, en attendant la loi qui la rendra définitivement autonome — libre — le maire et ses adjoints, les hommes qui l'administrent le plus directement, au lieu de dépendre du pouvoir central, dépendraient d'elle et d'elle seule.

Un pas fait dans le chemin de la liberté peut être petit; mais ce n'en est pas moins un pas de fait!

Ainsi, voilà le principe: la Commune libre dans la République, et s'administrant, elle-même, par un Conseil communal élu.

Maintenant, et de ce que la Commune s'administrera elle-même, s'en suivra-t-il, nécessairement, que le bien y sera la règle et le mal l'exception; en d'autres termes, que les erreurs et les fautes — erreurs et fautes commises inconsciemment si l'on veut — ne viendront pas y mettre en péril, à des moments donnés, les droits de l'individu, — droits qui sont, cependant, la seule raison d'être des droits collectifs

Et de ce qu'un Conseil communal élu y exercera la pleine autorité, s'en suivra-t-il impertubablement, d'un autre côté, que ces droits — les droits individuels — y seront toujours et quand même garantis ?

La nature humaine est ainsi faite que, ayant devant elle deux routes, l'une la conduisant sûrement au bonheur — et c'est là son but final ! — l'autre ne l'y amenant qu'à travers des obstacles sans nombre, elle choisira la seconde, au lieu de la première, son intérêt présent ou, plutôt, ce qu'elle croit être cet intérêt l'aveuglant et l'empêchant de discerner, quelle est, entre les deux routes, non pas la plus sûre : rien ne saurait l'empêcher d'atteindre sa destinée ! mais la moins douloureuse.

On ne saurait donc affirmer que la Commune, étant définitivement autonome, aucune injustice ne s'y produira ; mais on peut dire, en thèse générale, que, pour cela même qu'elle ne sera plus sous le joug du pouvoir central, ses habitants auront, du moins, la certitude de voir, à un moment donné, ceux de leurs droits momentanément méconnus, affirmés et sauvegardés : il leur suffira de nommer pour cela des conseillers communaux plus capables, sinon plus équitables.

Mais ce Conseil, représentant direct de la Commune, stipulant pour elle, ce Conseil comment devra-t-il être composé ?

Tout d'abord, et très carrèment, nous répondons qu'il ne doit comprendre que des républicains, — rien que des républicains.

La République est, de toutes les formes de gouvernement, la seule qui soit, en France, désormais possible ; c'est là un fait que tous les esprits honnêtes constatent et devant lequel tous s'inclinent ; or de ce fait — fait de nécessité, si l'on veut — il ressort cet autre fait que la République, seul gouvernement possible, est le seul legitime, et, partant, que tous ceux qui ne s'y soumettent pas se mettent en révolte contre la Société.

Pendant de trop longues années, à la revendication du droit — et la République seule est le droit ! — qu'ont opposé les gouvernements de fait qui pesaient sur la France ou, plutôt, les égoïsmes qu'ils représentaient? Le fait, toujours le fait! L'ordre, un ordre apparent, existait ; nul n'avait le droit de le troubler, même pour faire entendre une plainte fondée! Eh bien! aujourd'hui, la République existe — elle est le fait ! — pourquoi laisserait-on porter la main sur elle? pourquoi ne traiterait-on pas en rebelles les aveugles qui oseraient l'attaquer ?

Oh! nous savons bien par quelle éternelle calomnie des hommes sans drapeau, comme sans conscience, s'efforceront de la renverser, — même aux risques de plonger la France, si malheureusement éprouvée cependant, dans la plus affreuse des guerres civiles !

Ils diront, — ils le disent déjà ! — que la République, c'est la Révolution !

Et par Révolution, ils entendent le vol, l'incendie, l'assassinat ! Mais qu'on se rassure !

La République, au lieu d'être la Révolution, est l'ordre, l'ordre véritable — non pas l'ordre reposant sur le gendarme et le chassepot, mais l'ordre ayant pour base la liberté et la justice.

Toutefois, qu'ils n'aillent pas croire ces hommes, — qui ne sont, peut-être, que parce qu'il y a eu la Révolution, — qu'ils n'aillent pas croire que nous, les républicains, nous ses fils, nous la méconnaissons, — que nous la renions.

On la rendit nécessaire ; par conséquent, elle fut légitime !

Nous ne saurions oublier, dans aucun cas, que c'est à elle, grâce à ses efforts, que la société moderne doit d'exister, que le droit humain a pu s'affirmer.

La République, gouvernement de droit, étant le gouvernement de fait, on doit donc n'accepter pour la représenter ou, plutôt, pour la servir — que des républicains, que des hommes l'accla-

mant sans arrière-pensée et ayant au cœur une seule volonté, la
volonté de faire le bien ; c'est-à-dire de faire triompher les
principes — les seuls vrais ! — qui lui servent de base : la
liberté et la justice.

Et, s'il est vrai que la République ne puisse être représen-
tée, défendue que par des républicains, la Commune qui, ainsi
que nous l'avons démontré, en est la base essentielle, la Commune ne doit envoyer, elle aussi, à son Conseil communal que
des républicains.

Quoi ! des républicains partout, dira-t-on ? Et où serait le
mal? D'ailleurs, qu'on soit de bonne foi et qu'on nous dise si une
monarchie quelconque consentirait volontairement à accepter
comme représentant des hommes qui ne seraient pas aussi mo-
narchistes, pour le moins, que le roi? N'oublions pas que c'est à
une de ses royautés que la France dût de voir des « électeurs
satisfaits! » et que c'est à l'empire qu'est due l'invention des
« soupières électorales! »

Mais on insistera, et l'on dira : la République ne respectera
donc pas le suffrage universel? La République est assez forte pour
s'incliner devant lui et pour proclamer son infaillibilité, même
lorsqu'il fait des choix contraires à ses fins. Seulement,
lorsqu'il fait de pareils choix — des choix dont il est le seul à
souffrir! — elle attend patiemment que, plus éclairé ou moins
aveuglé, il s'honore lui-même, en ne confiant ses destinées qu'à
des hommes qui puissent lui faire honneur.

Le République, on le comprend, ne saurait être responsable
de ses fautes ou de ses faiblesses : tant pis pour lui, s'il se
trompe !

Nous avions raison, comme on le voit, d'affirmer que le Conseil communal ne doit comprendre que des membres républicains !

Le Conseil communal qui doit représenter l'universalité des habitants de la Commune, peut-il être composé, d'un autre côté, de membres pris, exclusivement, dans une fraction quelconque de ses habitants ?

Dans la Commune, comme dans l'Etat, les intérêts, multiples et divers, demandent tous à être également protégés ; or, peut-on admettre qu'ils le seront tous pareillement si, tous, ne se trouvent pas représentés ?

Le Conseil communal devra doncse composer, proportionnellement, de membres appartenant à toutes les fractions de 'a Commune.

Y a-t-il, dans la Commune, une partie des habitants qui soit commerçante, une autre industrielle et une autre, encore, ouvrière ?

Eh bien ! à chacune d'elles ses représentants dans le Conseil communal.

Leurs intérêts peuvent paraître opposés ; mais tenez pour certain qu'au fond, ils sont identiques !

D'ailleurs, en admettant qu'ils soient opposés, comment arrivera-t-on jamais à les concilier, si on ne s'efforce pas, d'abord, de les rapprocher ; si on s'efforce, au contraire, de donner, aux uns, la prédominance sur les autres ?

Ah ! l'égoïsme bien compris veut encore, peut-être, qu'on sache subordonner son intérêt à l'intérêt général !

Donc, dans le Conseil communal, comme dans les Conseils de l'État, du reste, représentation effective de tous les intérêts, si l'on veut que ces intérêts ne se mettent pas en révolte latente ou ouverte contre la Sociéte !

Enfin, et quant aux attributions du Conseil communal, comme de lui dépendra, en grande partie, dans le présent, si ce n'est dans l'avenir, le bien-être des habitants qui l'auront élu, on compre nd qu'elles devront s'étendre absolument sur tout ce qui, de près ou de loin, tendra à ce bien même.

La loi peut déterminer ces attributions; mais ce sera une loi mauvaise si, par suite de ses dispositions, elle l'empêche de prendre une décision conforme aux intérêts dont il a la défense.

Quant à nous, qui voulons que son autorité, subordonnée seulement à la loi générale, soit absolue dans toutes les affaires communales, nous affirmons que ses attributions s'exerceront en pleine liberté, s'il sait le vouloir, sur tous les objets qui font l'objet de sa mission; qu'il pourra librement ordonner, conséquemment, toutes les mesures d'ordre, de liberté et de progrès qu'il jugera utiles, comme il pourra prendre aussi toutes les mesures d'assistance patriotique que les nécessites lui imposeront; — qu'il pourra faire, en un mot, tout le bien possible, mais qu'il ne pourra faire autre chose que le bien !

Toutefois ce Conseil, s'il est intelligent — et il le sera ! — ce Conseil comprendra que, nommé par l'universalité de ses concitoyens, il a le devoir strict de leur faire connaître, non pas seulement ses délibérations; mais, encore, les votes de chacun de ses membres.

Il ne saurait oublier, en effet, que nous sommes en République et que, sous la République, la condition première du mandat, c'est la responsabilité.

Résumons-nous !

La Commune autonome, libre; mais soumise à la loi générale, en tant qu'elle a été acceptée par la majorité;

Un Conseil communal élu et pris, proportionnellement, dans toutes les fractions des habitants de la Commune;

Un maire dépendant du Conseil commun°¹ ·

La publicité des séances, avec la désignation, à chaque décision prise, du vote, pour ou contre, de chaque membre du Conseil communal ;

A ces conditions — et à ces conditions seules — la Commune,
heureuse et prospère, pourra espérer de voir la misère, sinon
disparaître complétement; mais, du moins, ne plus être que le
lot de quelques rares exceptions !

Si le fleuve roule tranquillement ses eaux, portant, sur tous
ses bords, l'abondance et, avec l'abondance, le bonheur, c'est
que, réglé par la nature , rien n'est venu en resserrer le cours;

Or, qu'on laisse la France républicaine demander à la liberté
ses destinées futures et, comme le fleuve, elle marchera paisi-
blement dans l'avenir, en assurant, à l'individu, la dignité et, à
la nation, la grandeur!

D. LEPRINCE.